Geometrix Three

LOUISE ATHERTON

louiseatherton.com

ISBN: 1546424490
ISBN-13: 978-1546424499

Testing – Use this page to test your writing implements and color palettes.

O O O O O O O O O O

◊ ◊ ◊ ◊ ◊ ◊ ◊ ◊ ◊ ◊

□ □ □ □ □ □ □ □ □

□ □ □ □ □ □ □ □ □

◊ ◊ ◊ ◊ ◊ ◊ ◊ ◊ ◊ ◊

O O O O O O O O O O

O O O O O O O O O O

◊ ◊ ◊ ◊ ◊ ◊ ◊ ◊ ◊ ◊

□ □ □ □ □ □ □ □ □

□ □ □ □ □ □ □ □ □

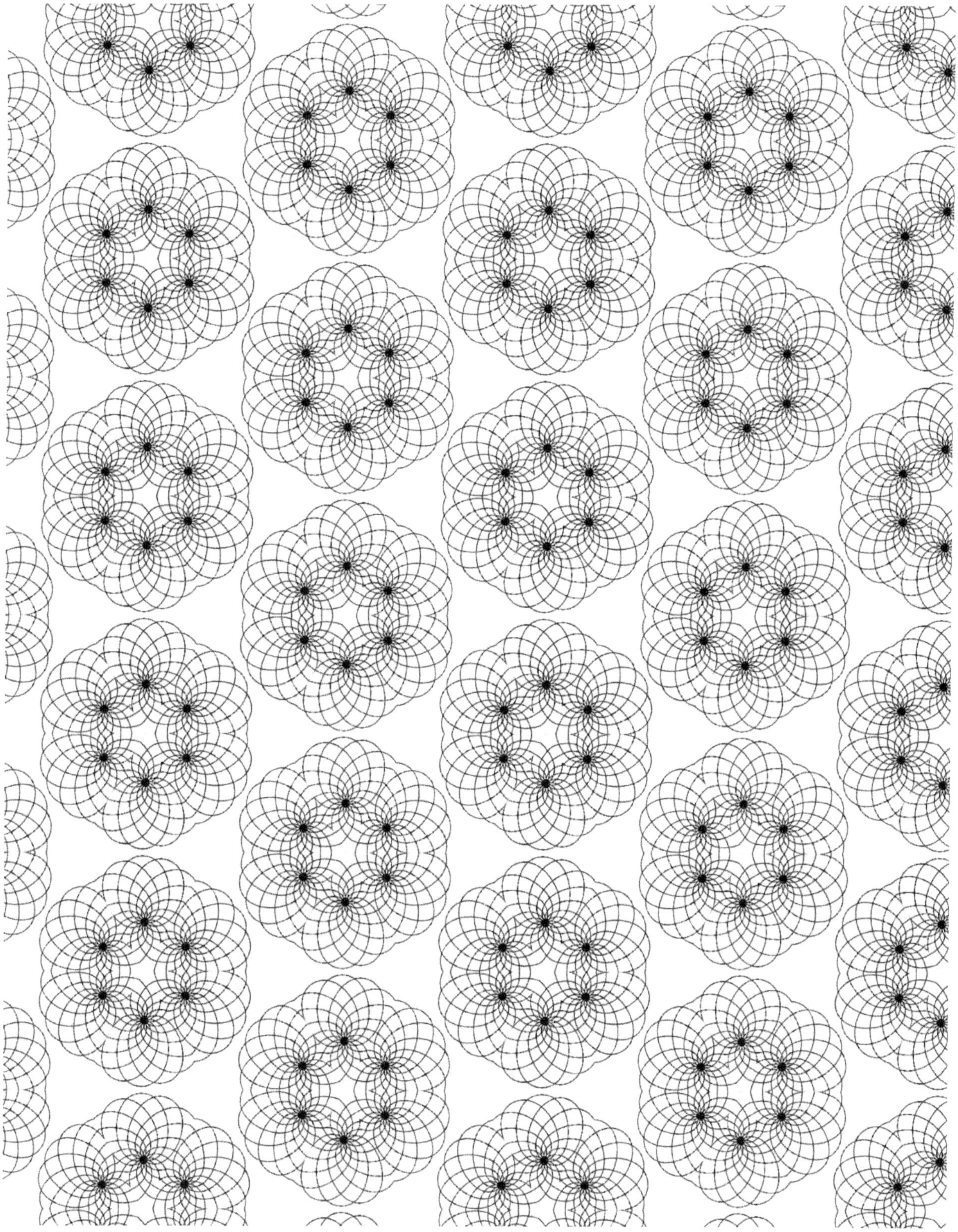

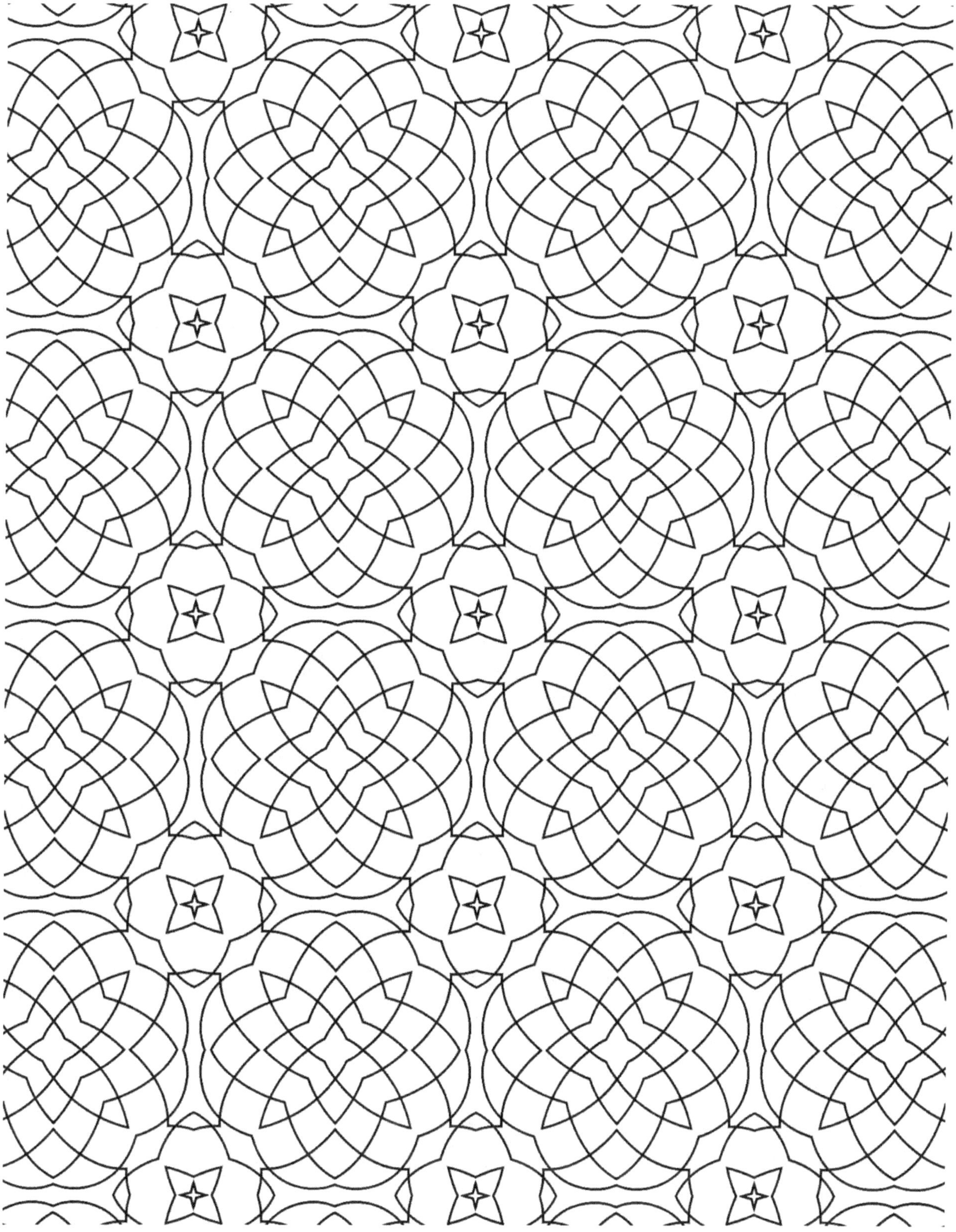

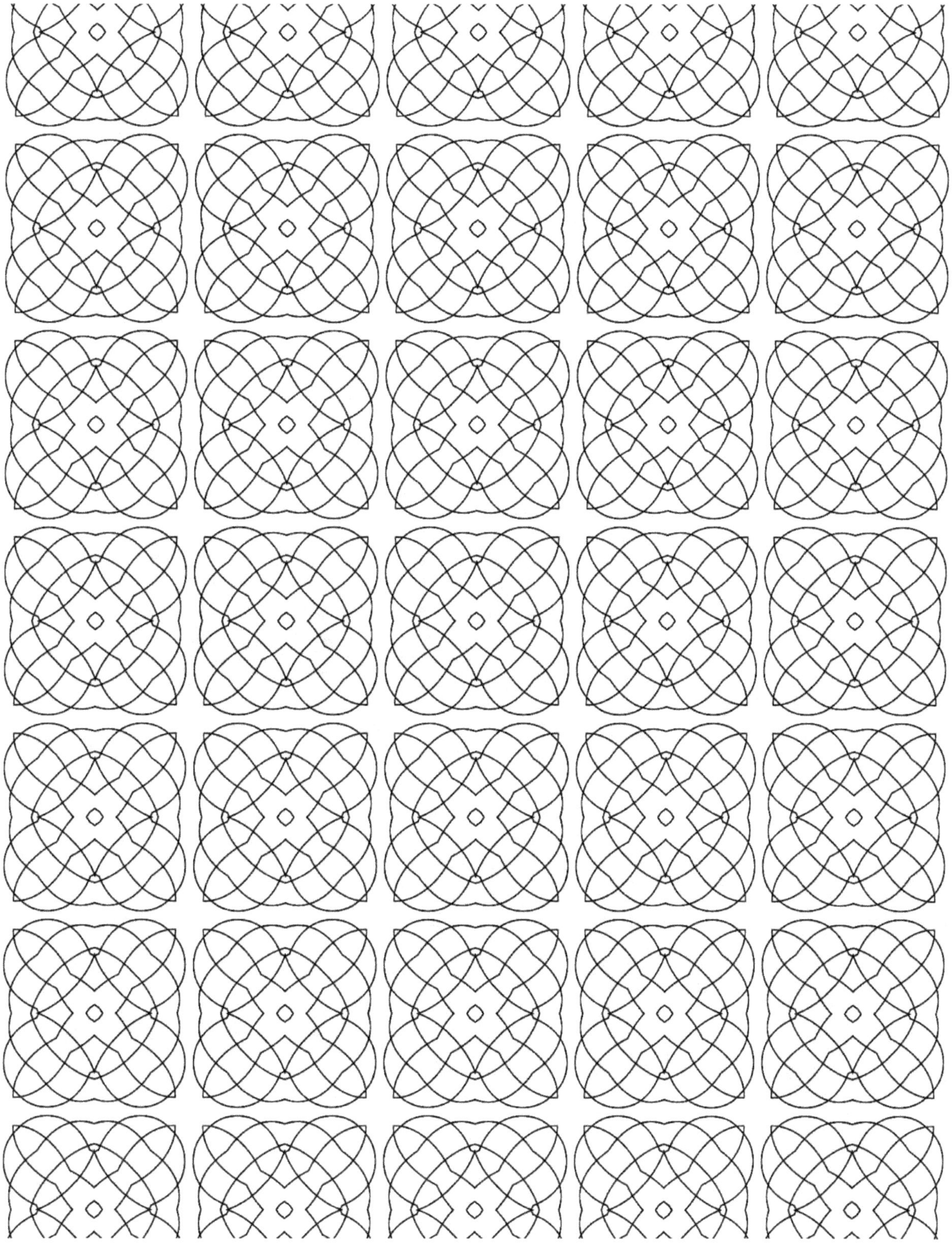

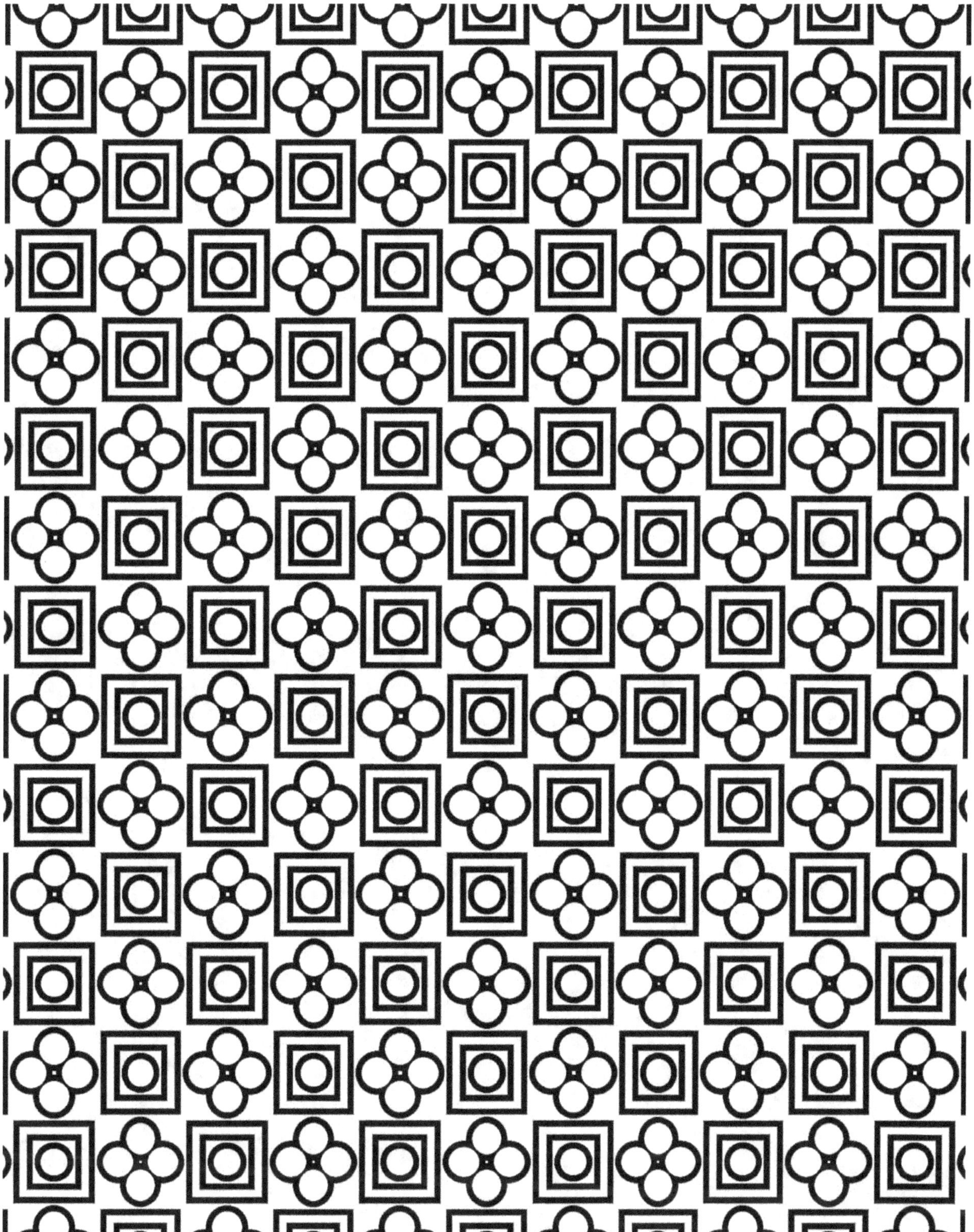

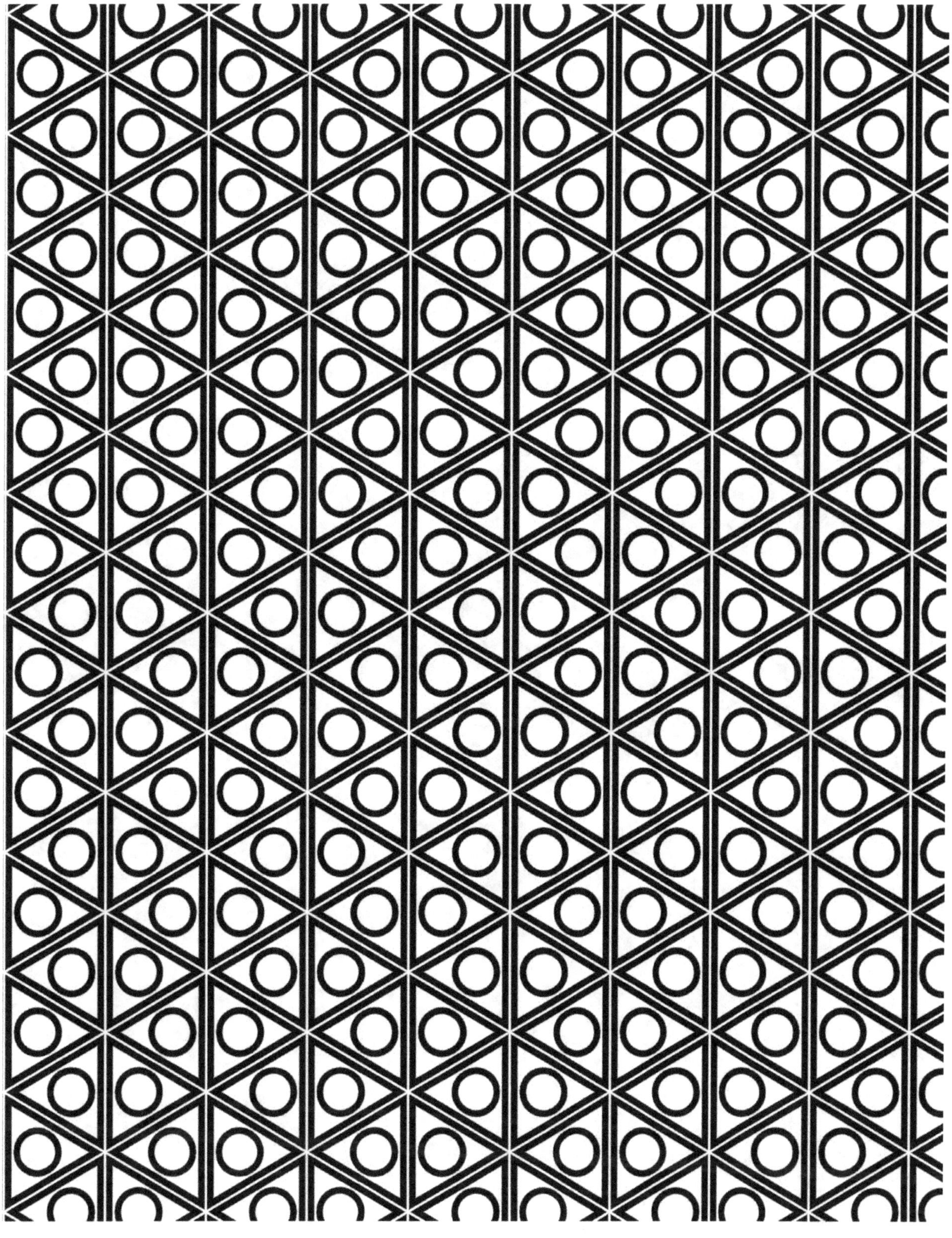

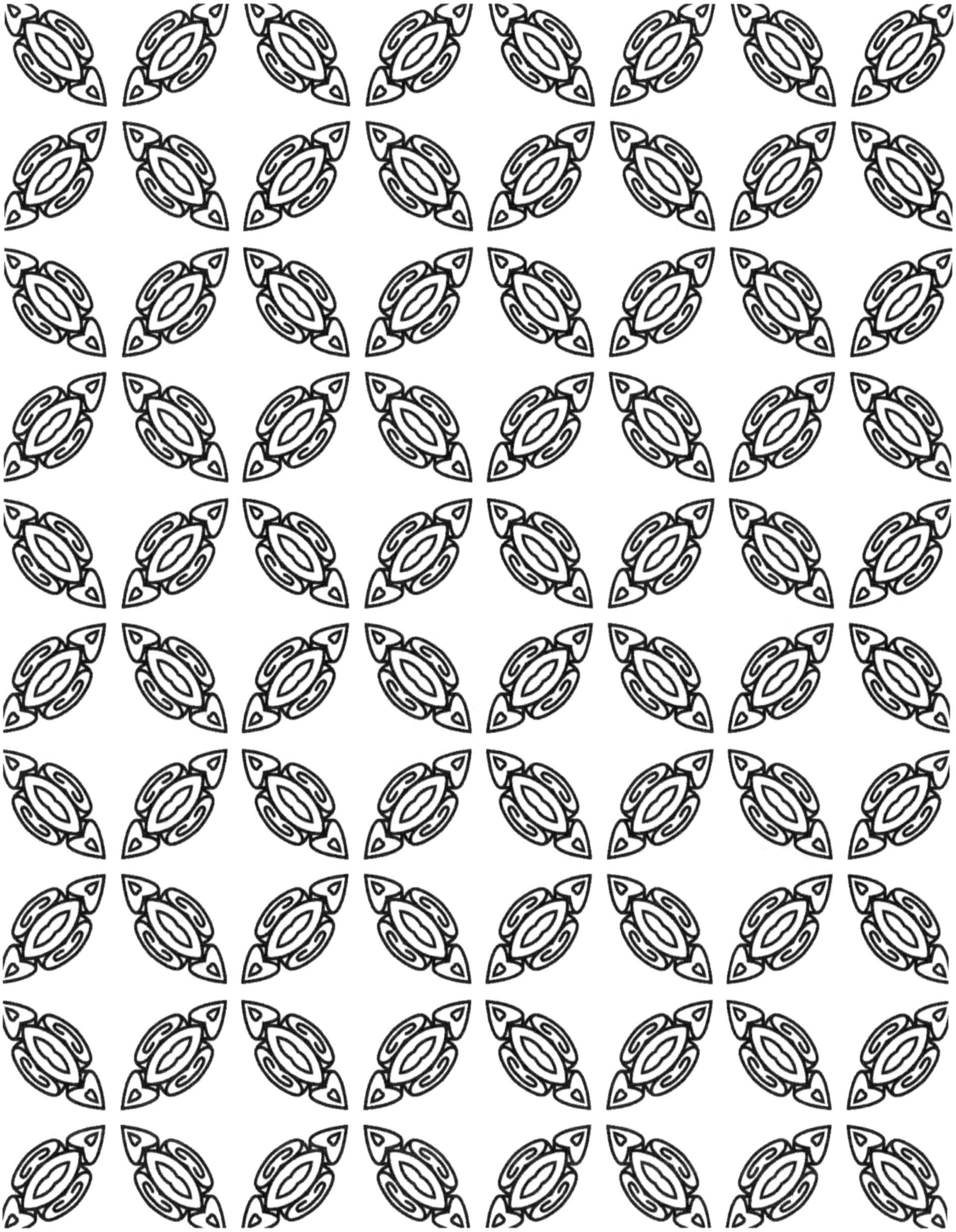

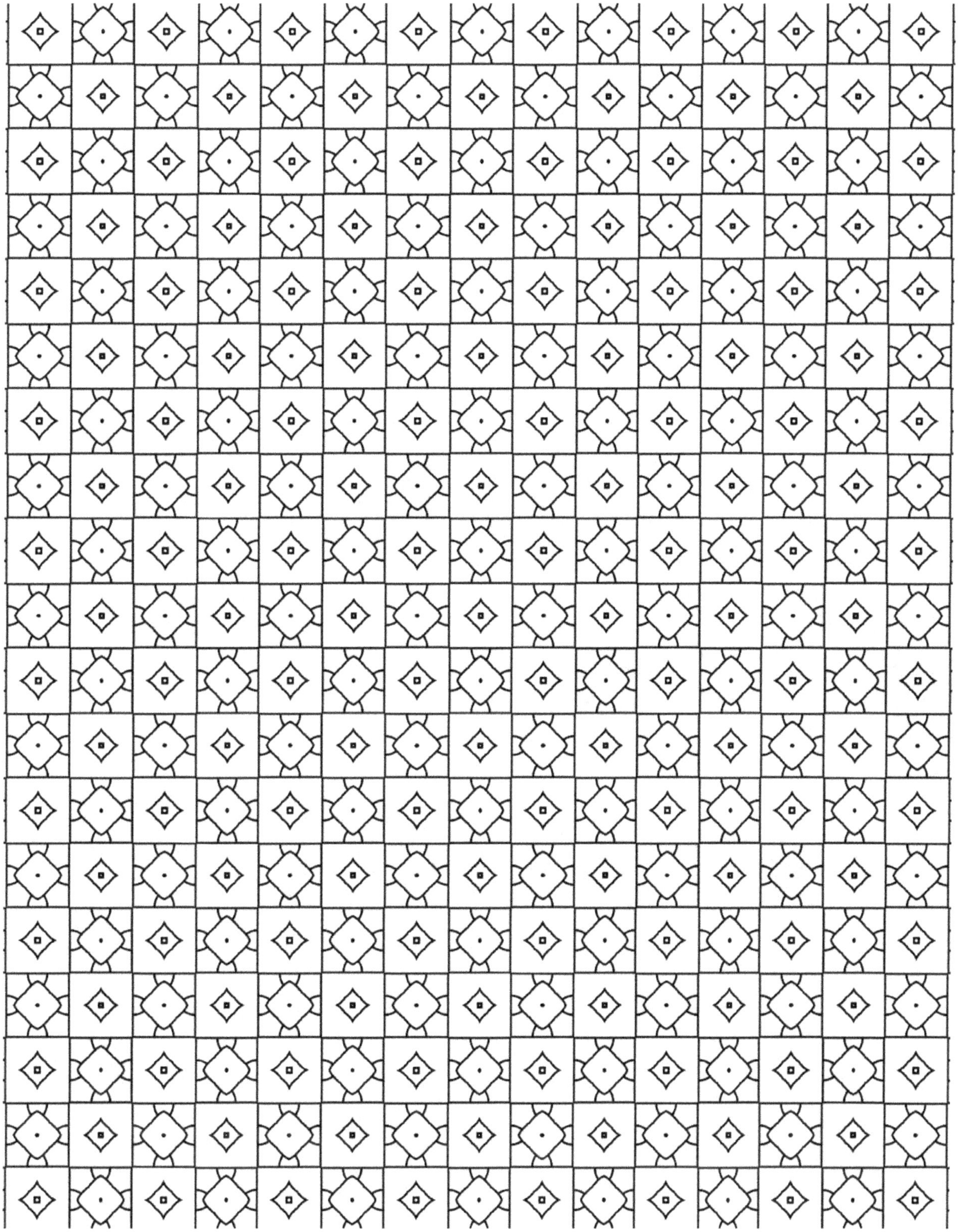

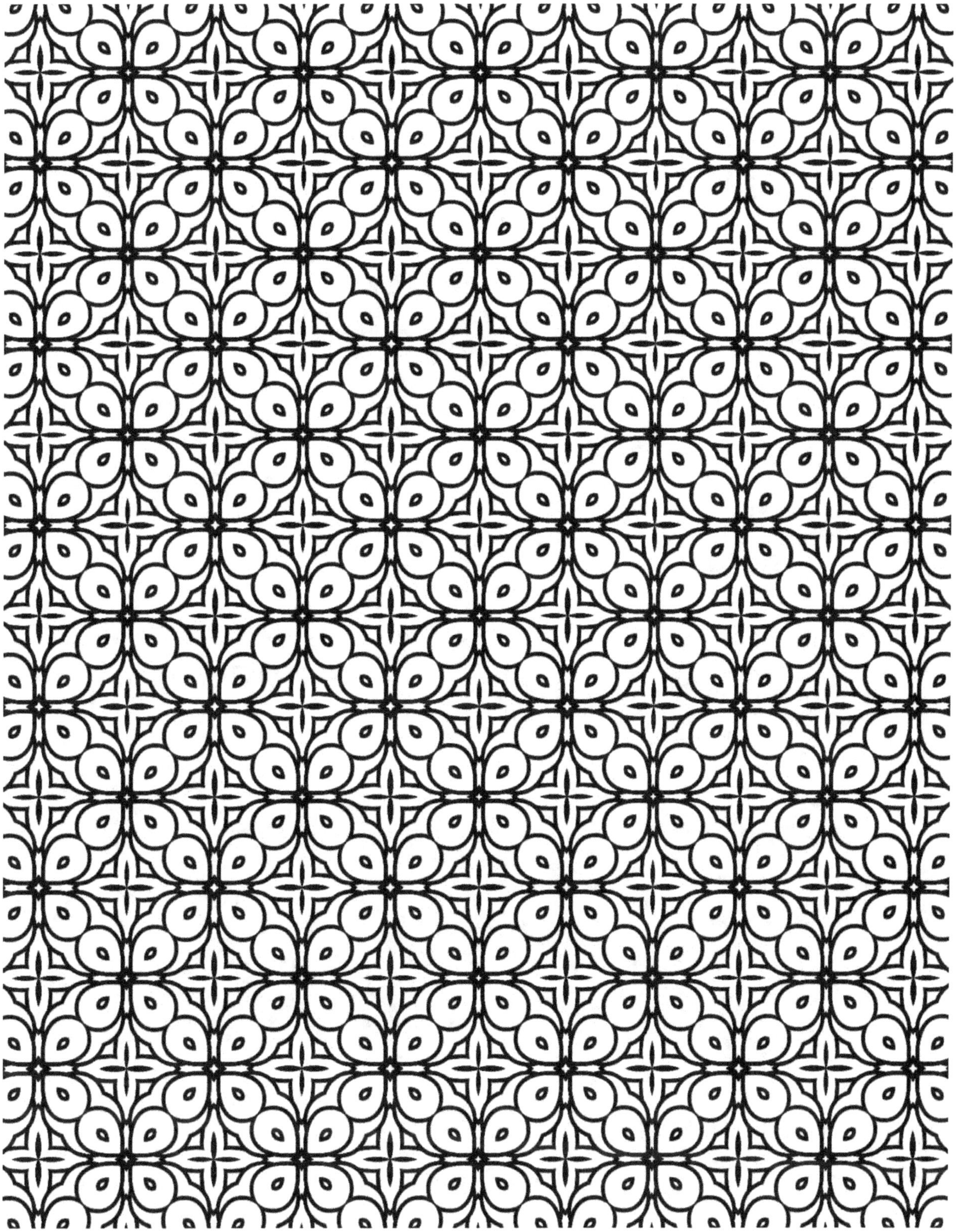

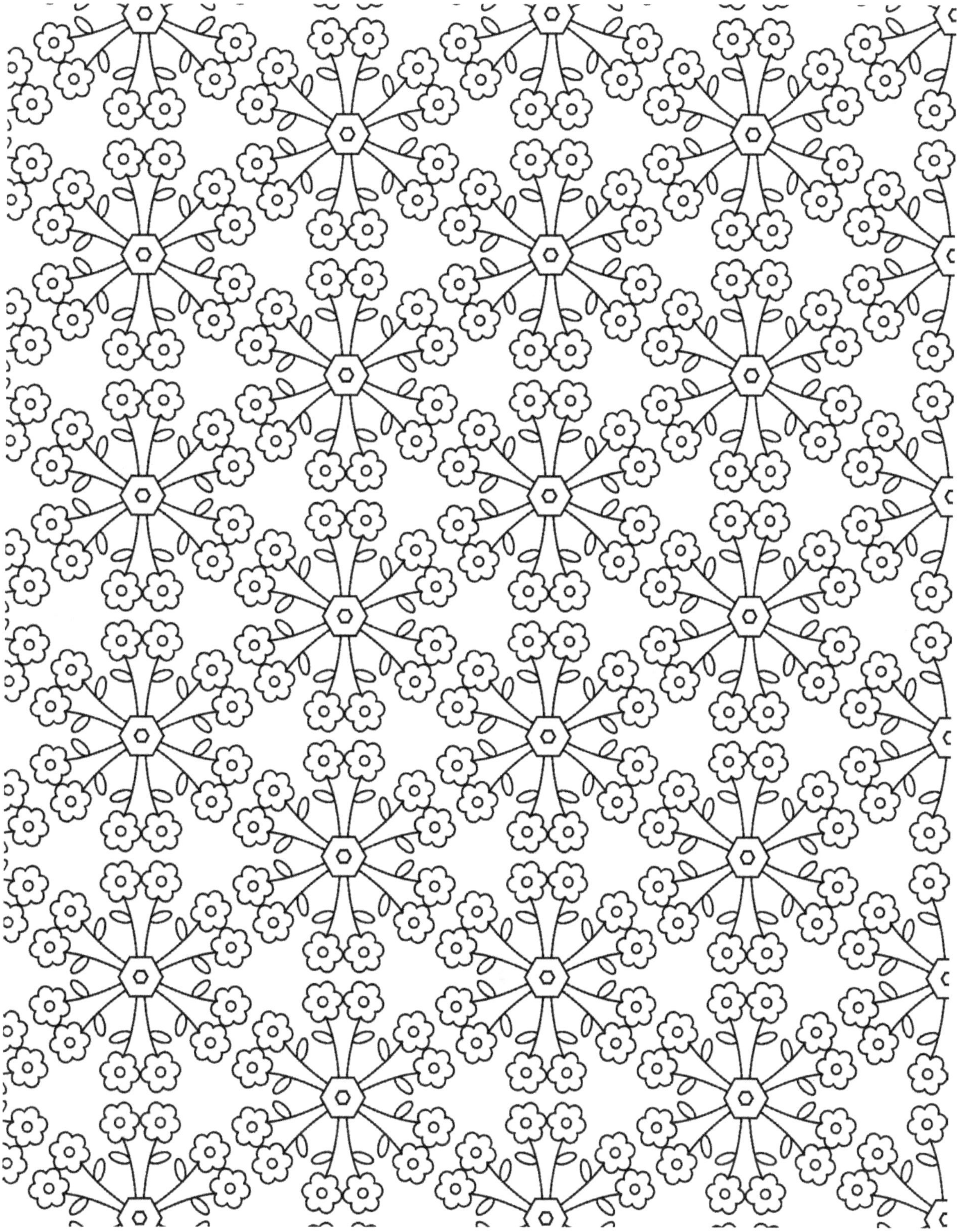

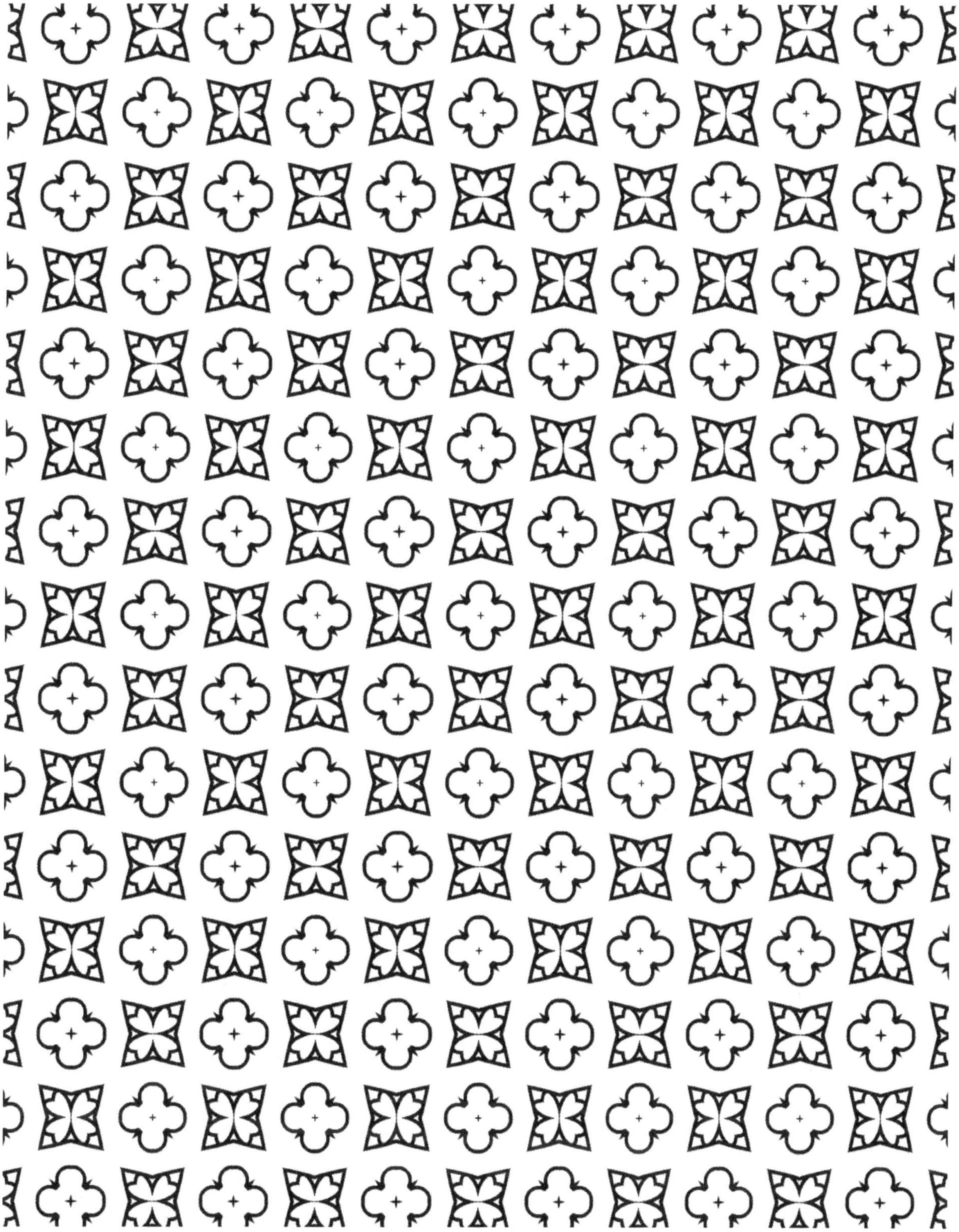

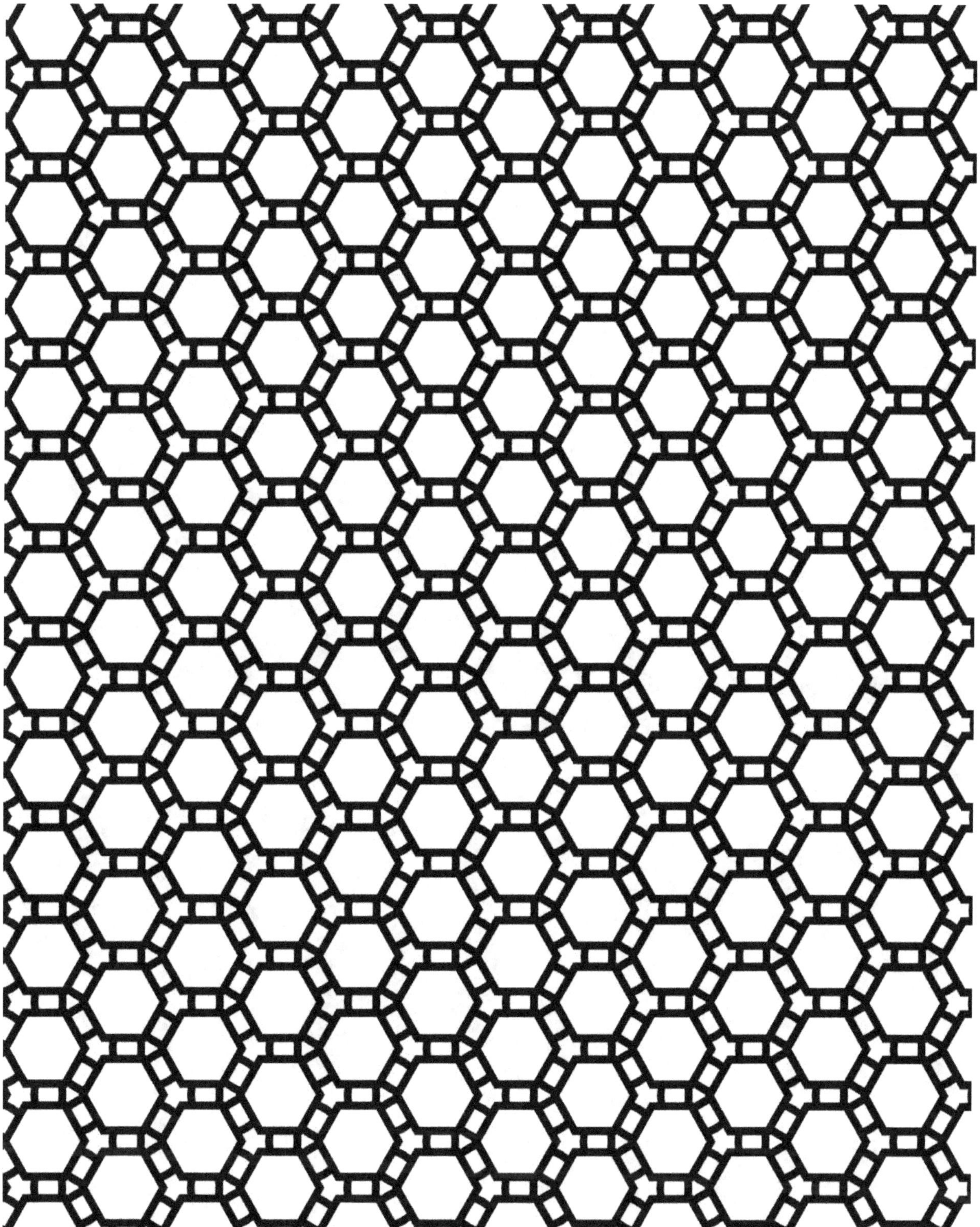

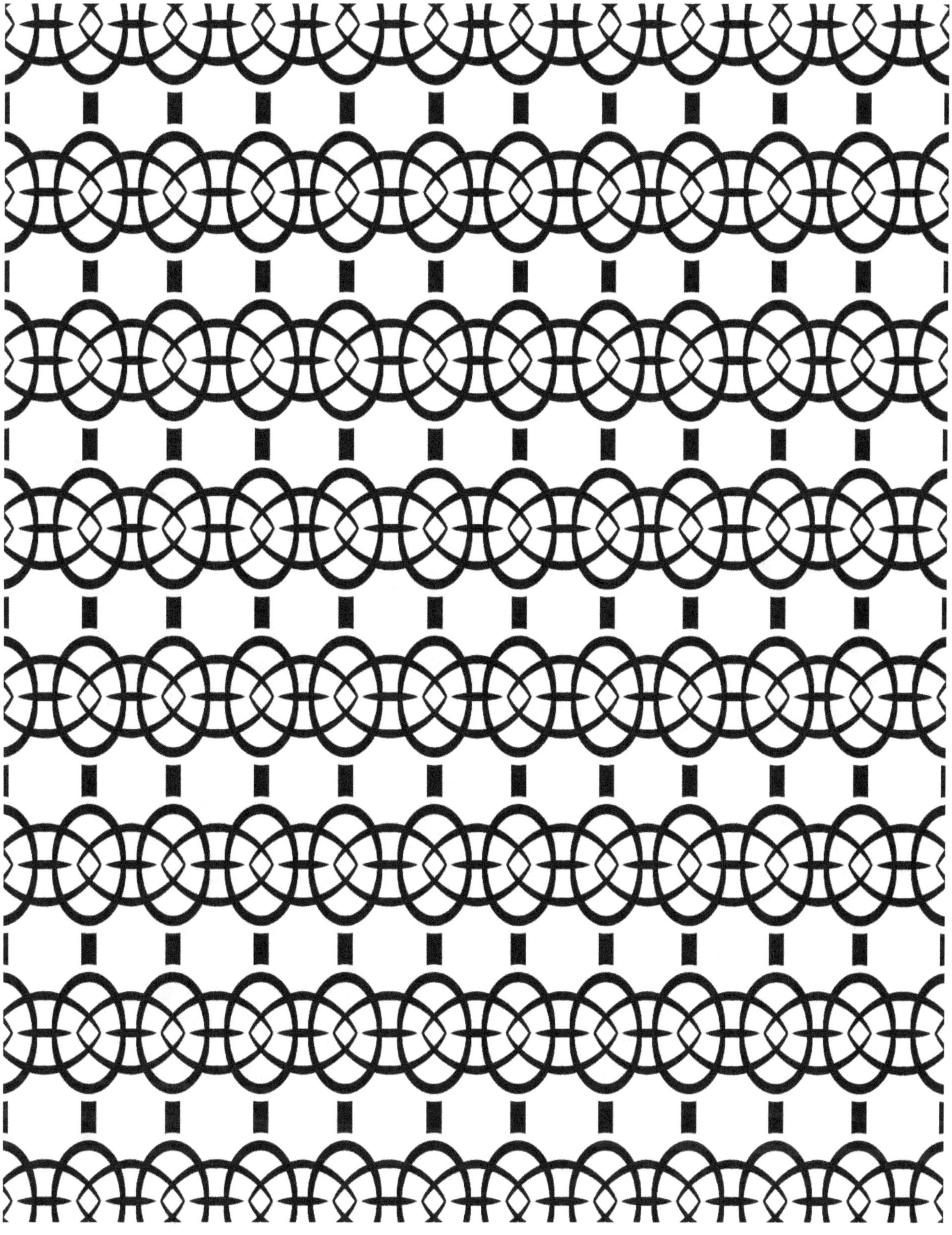

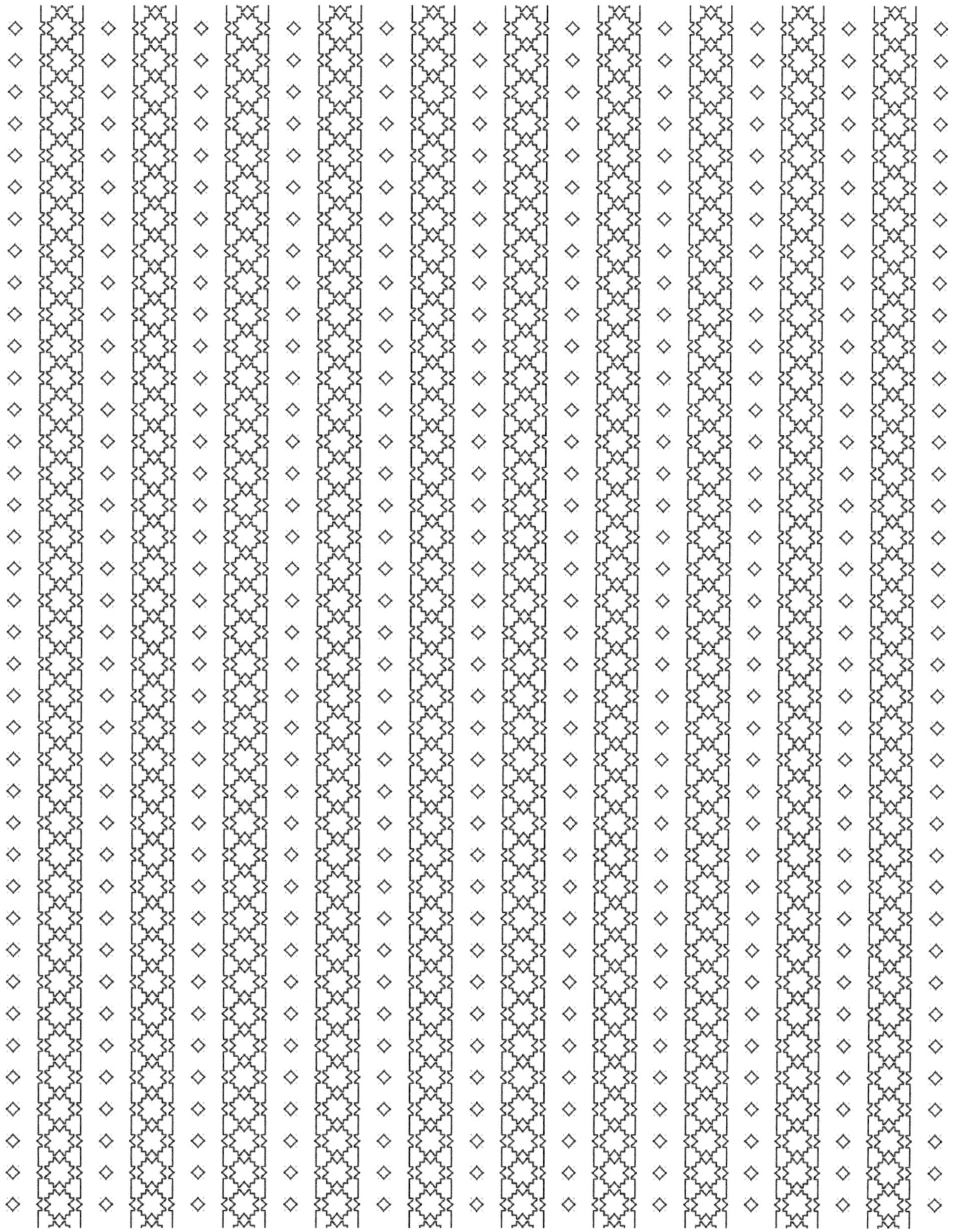

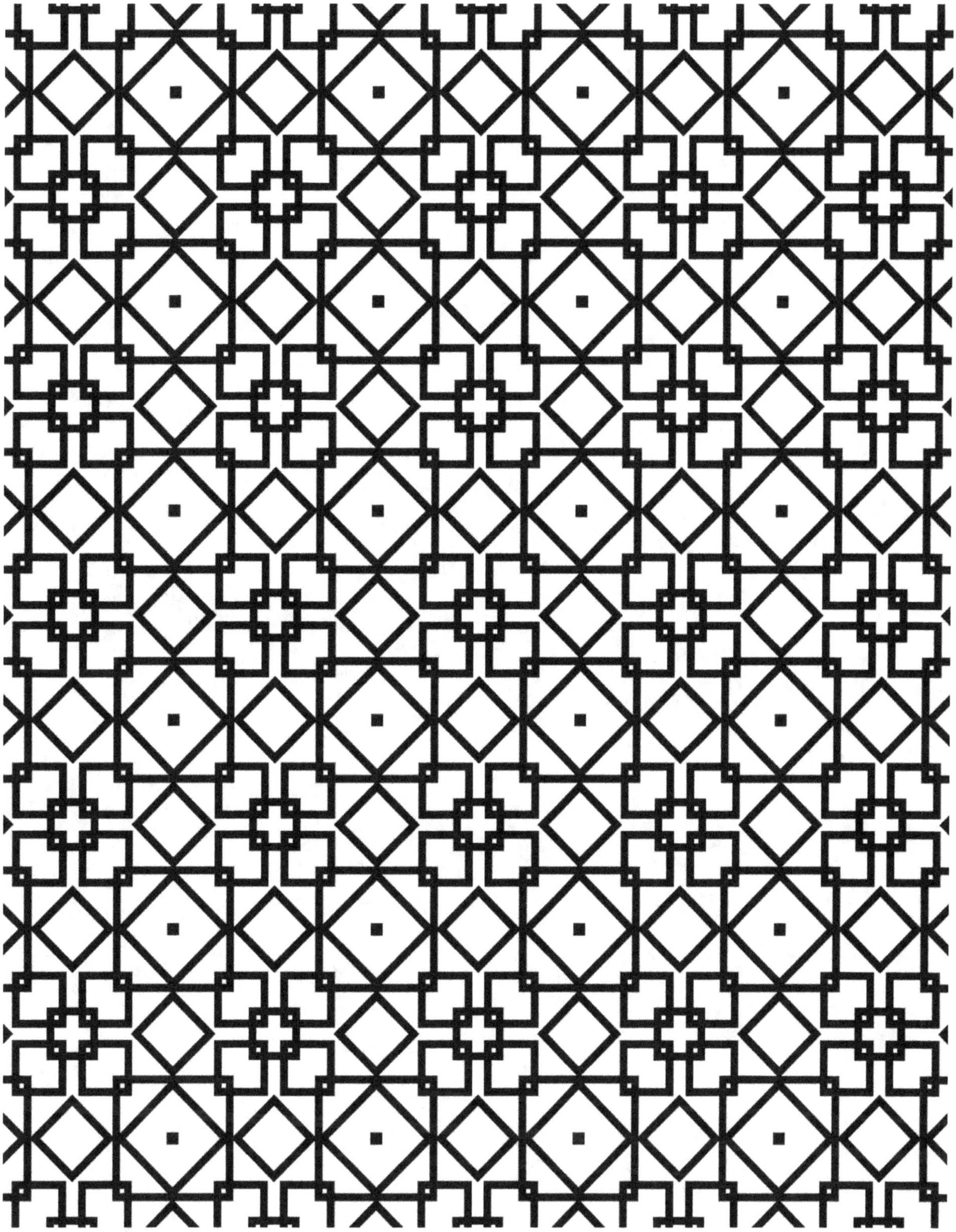

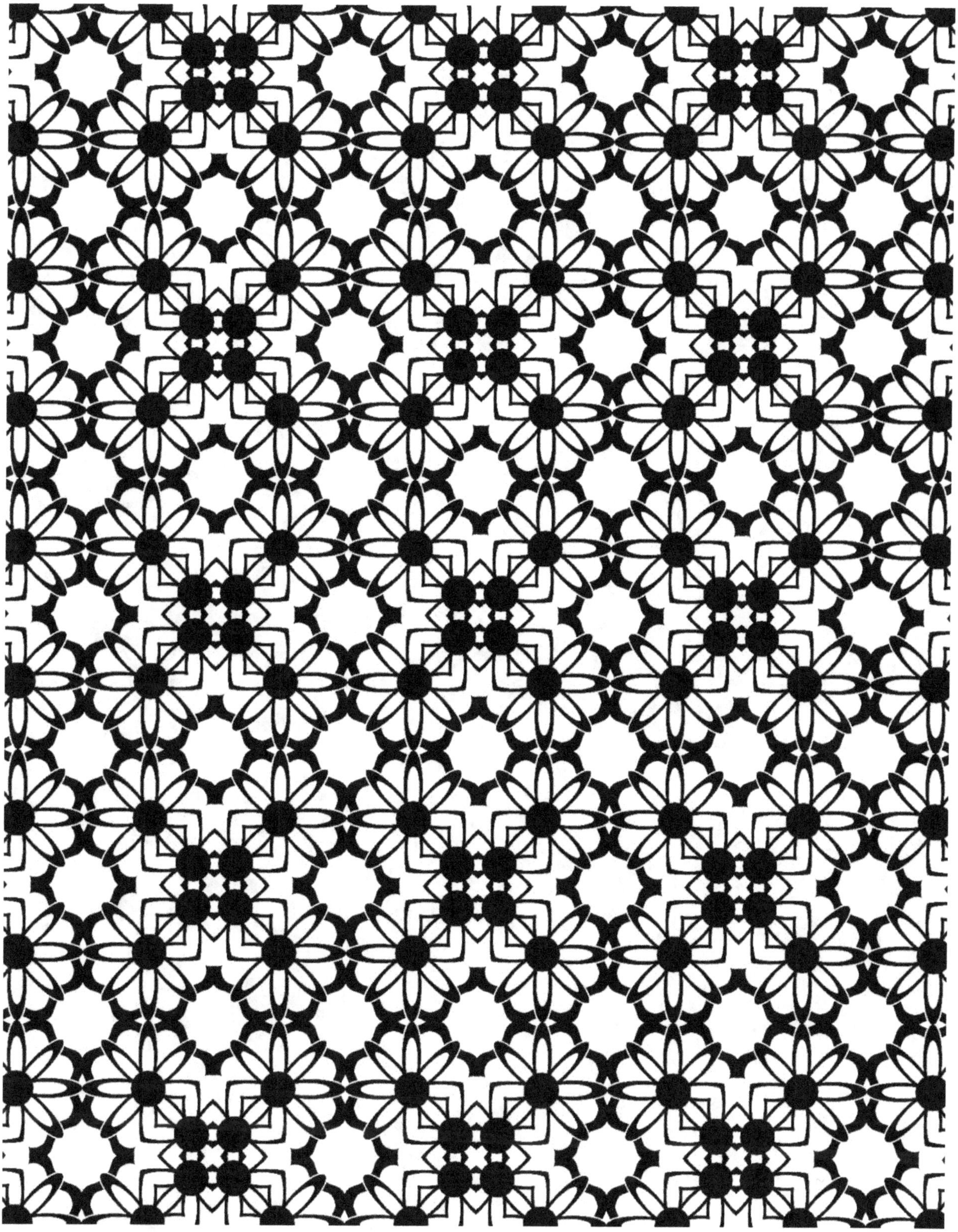

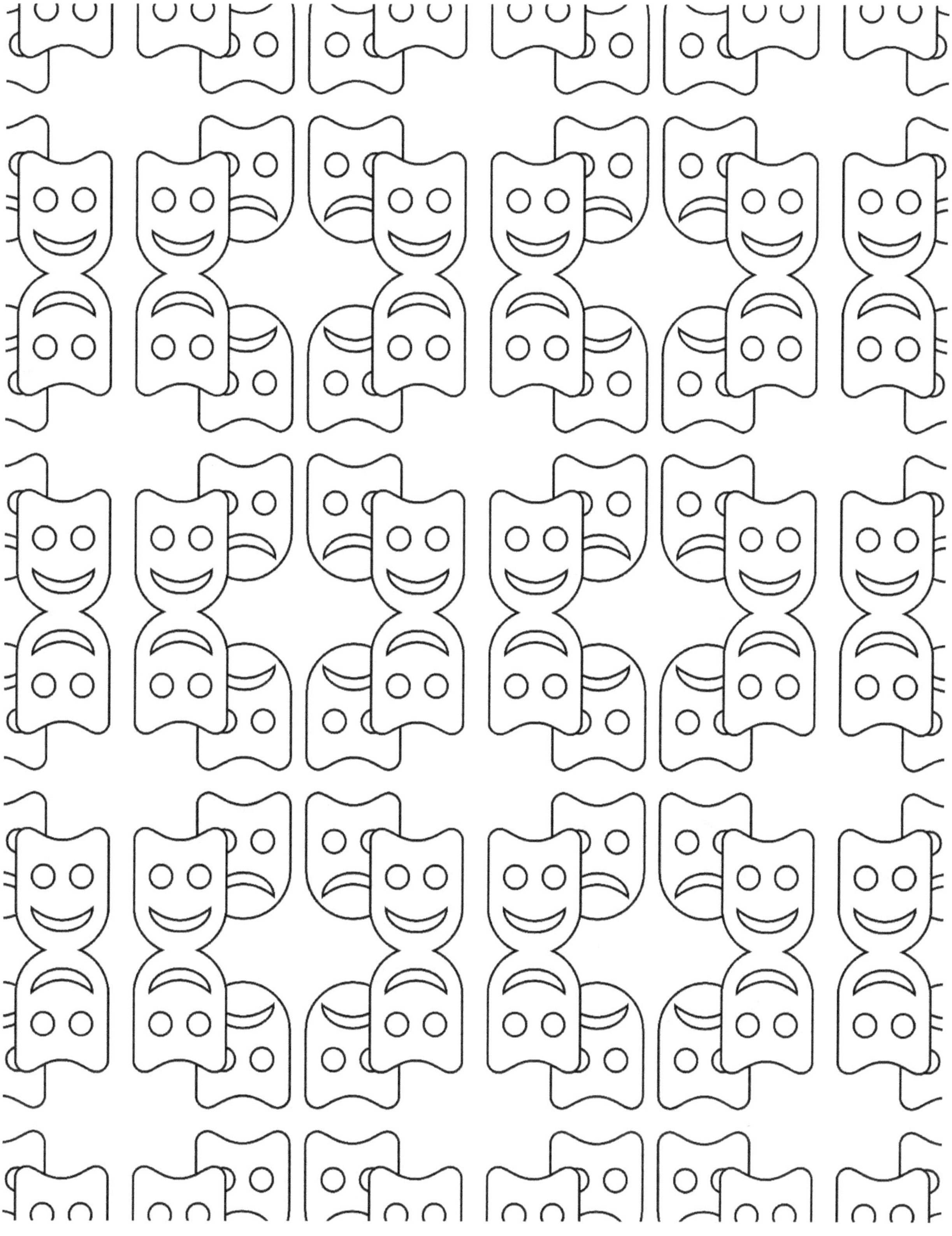

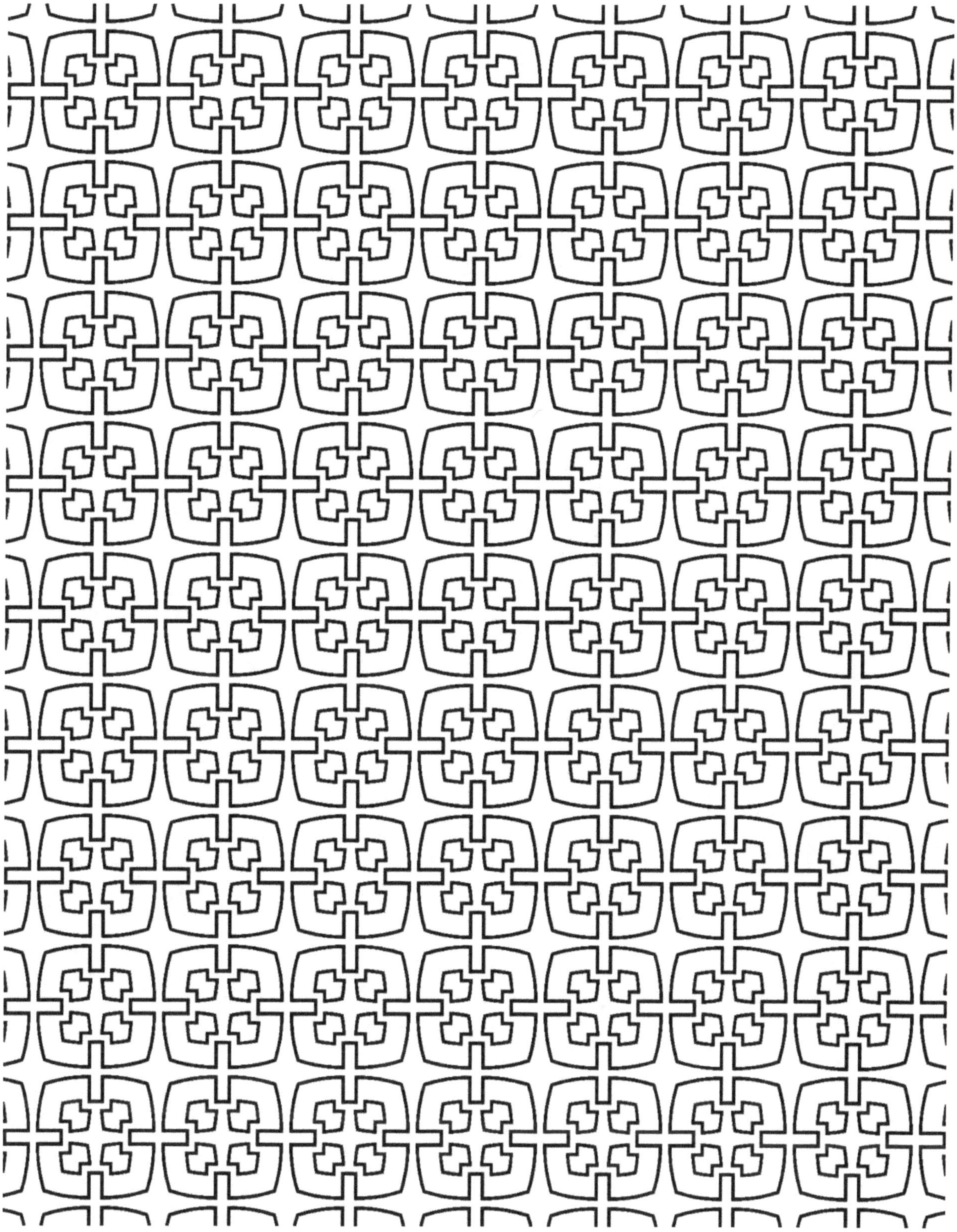

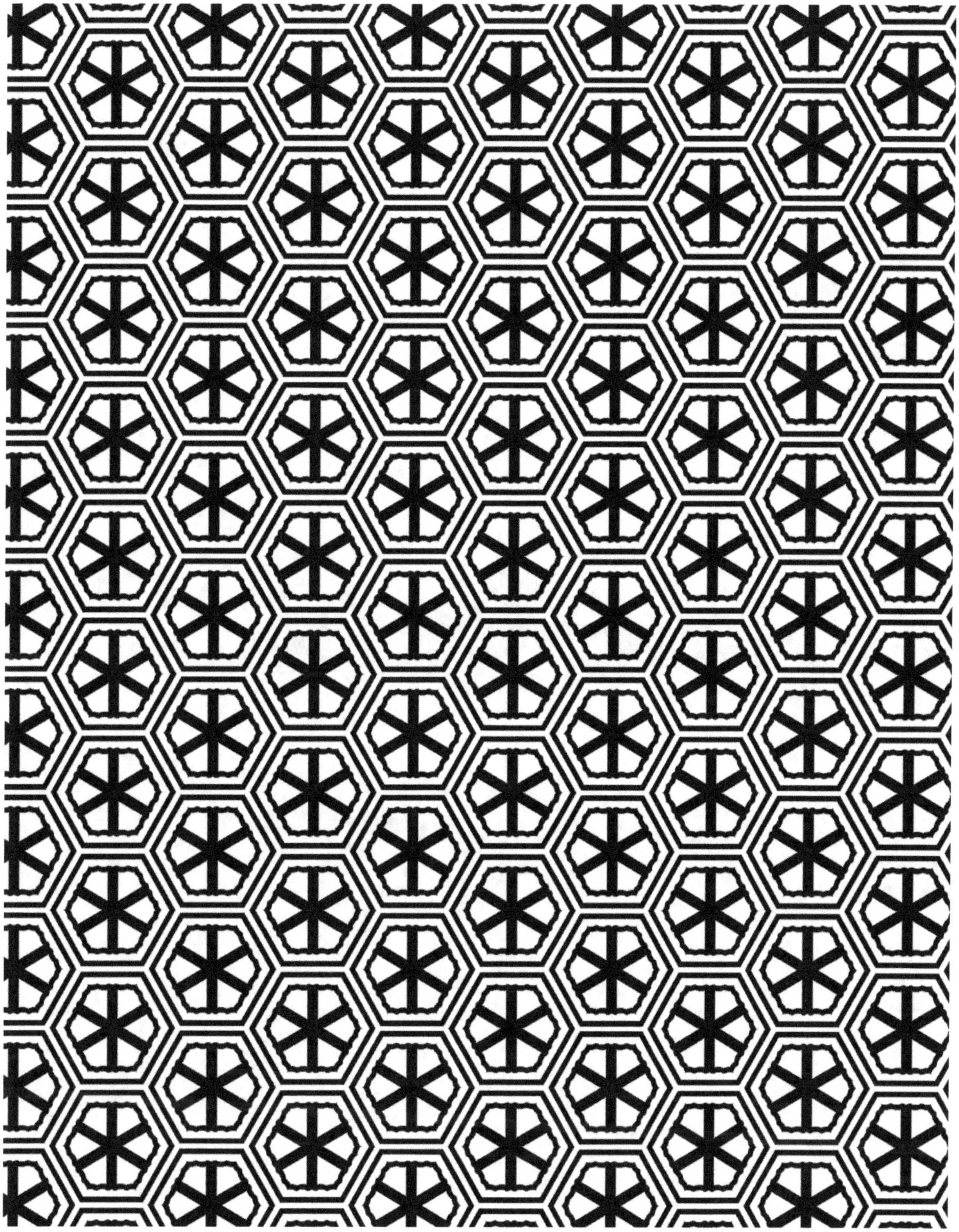

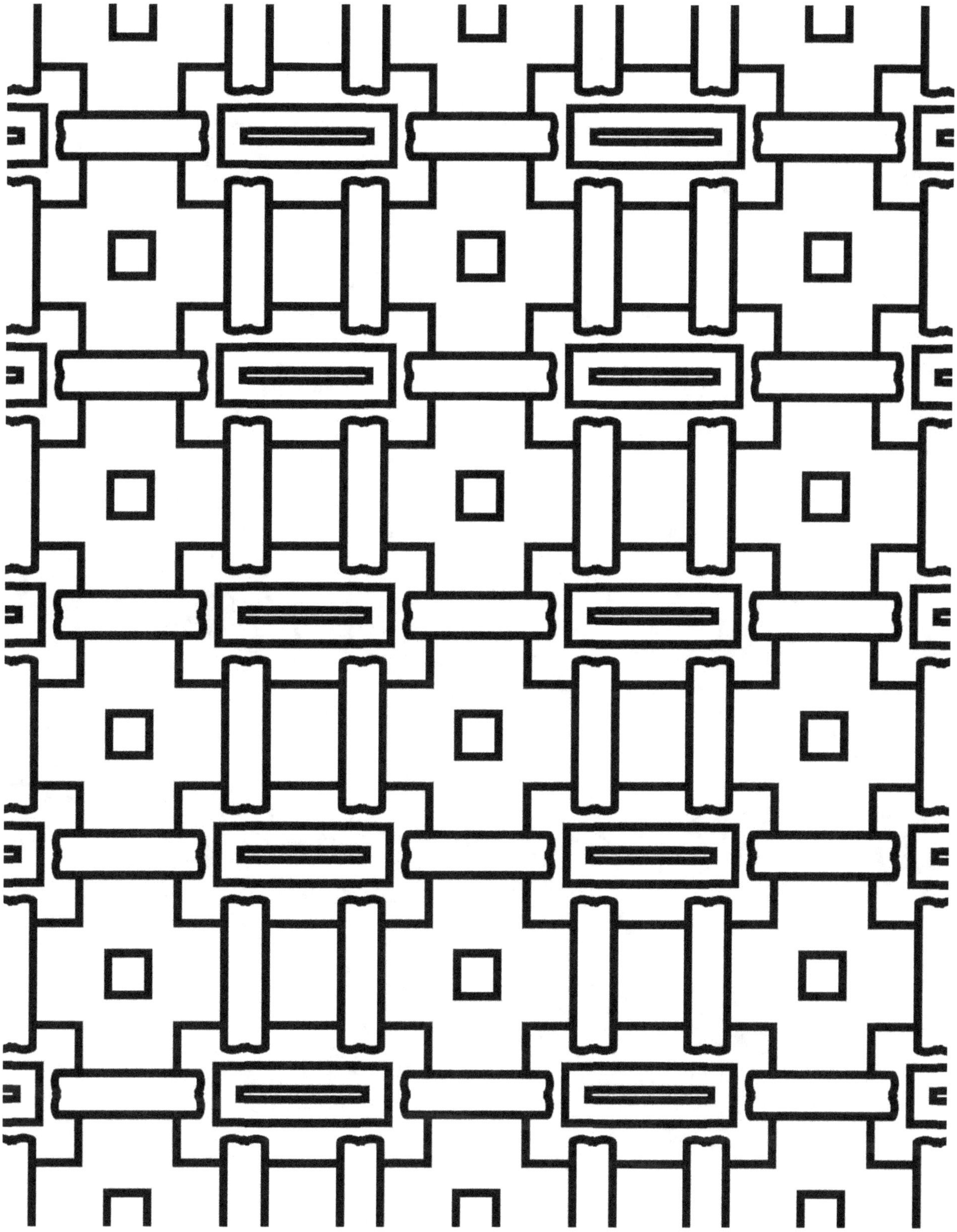

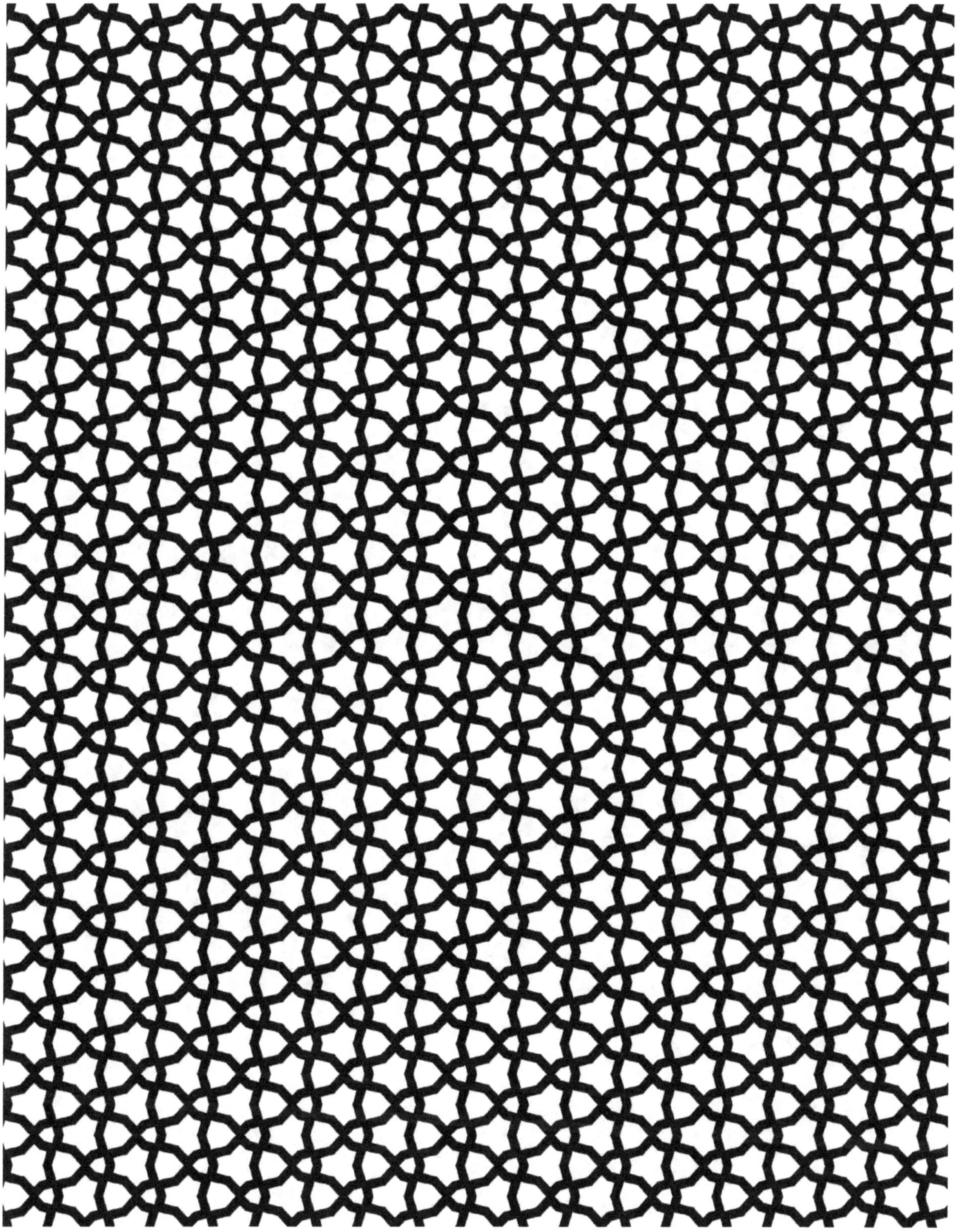

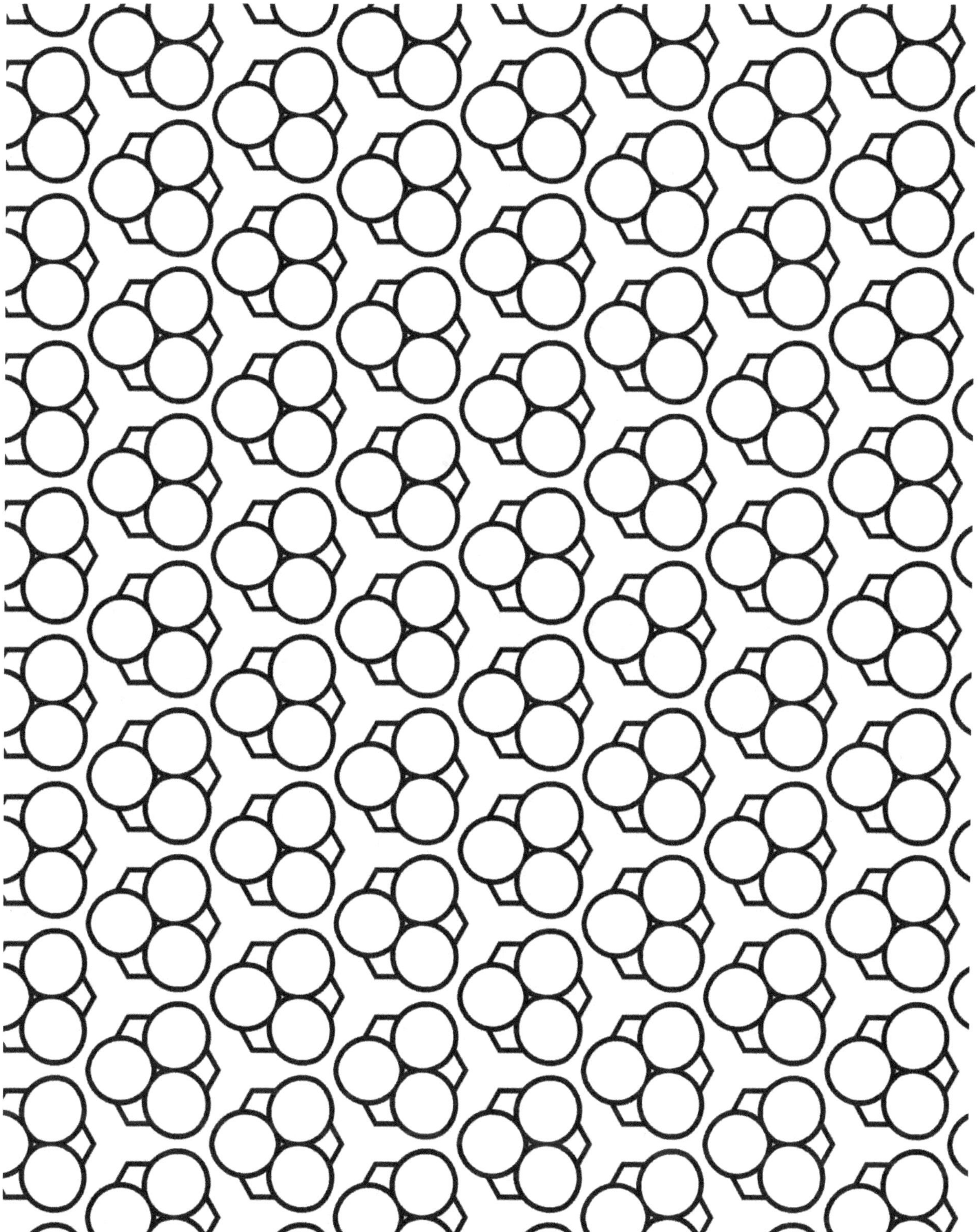

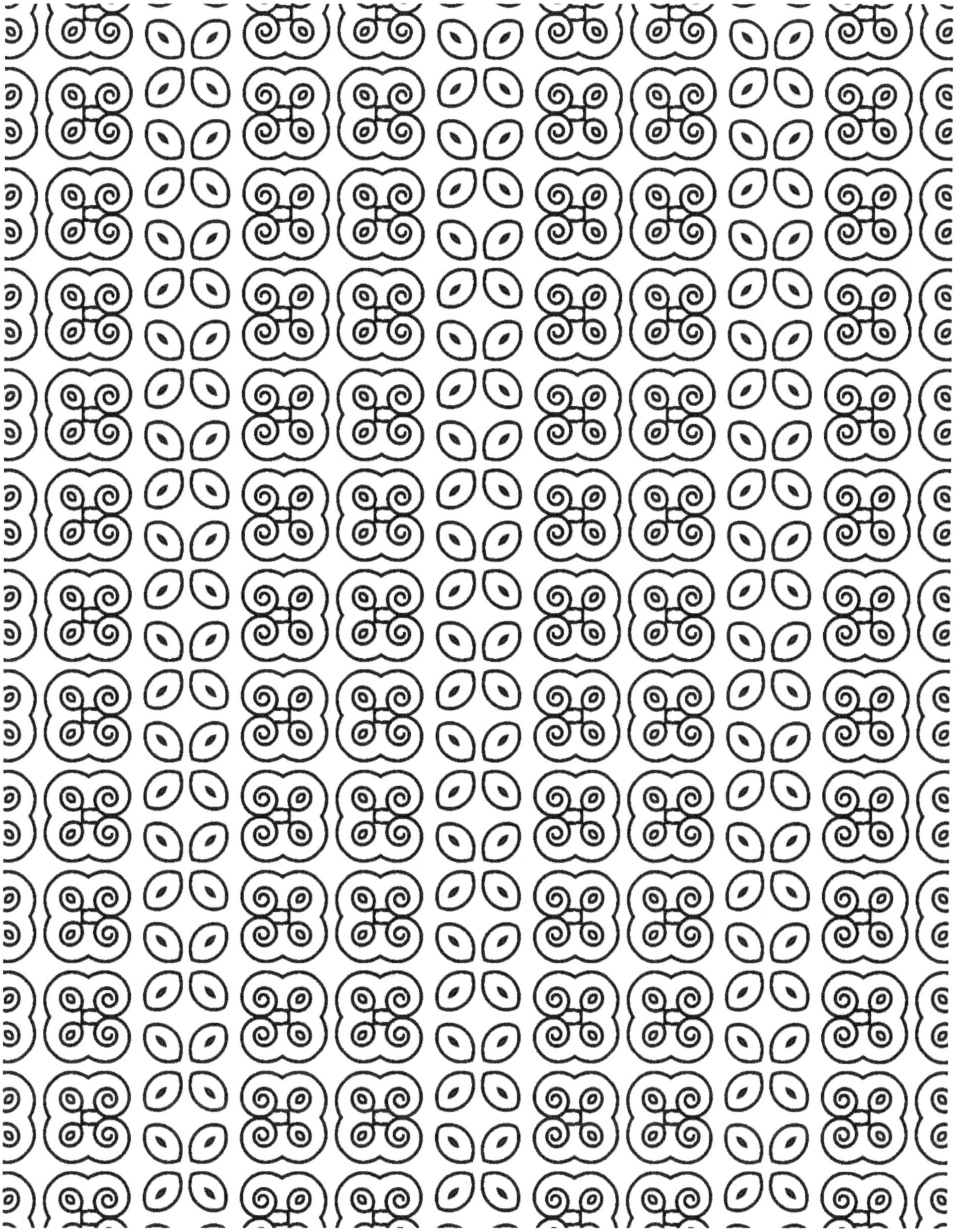

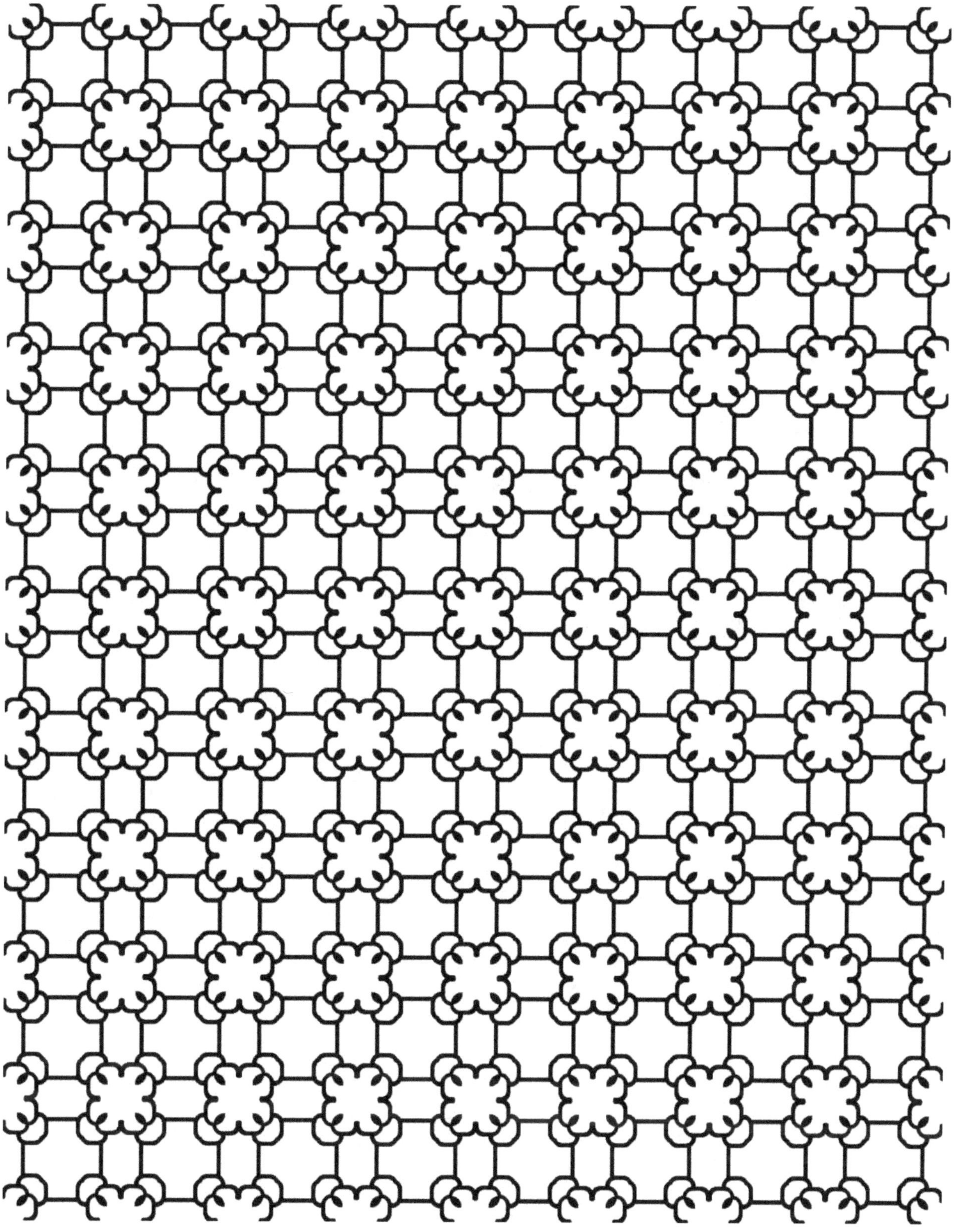

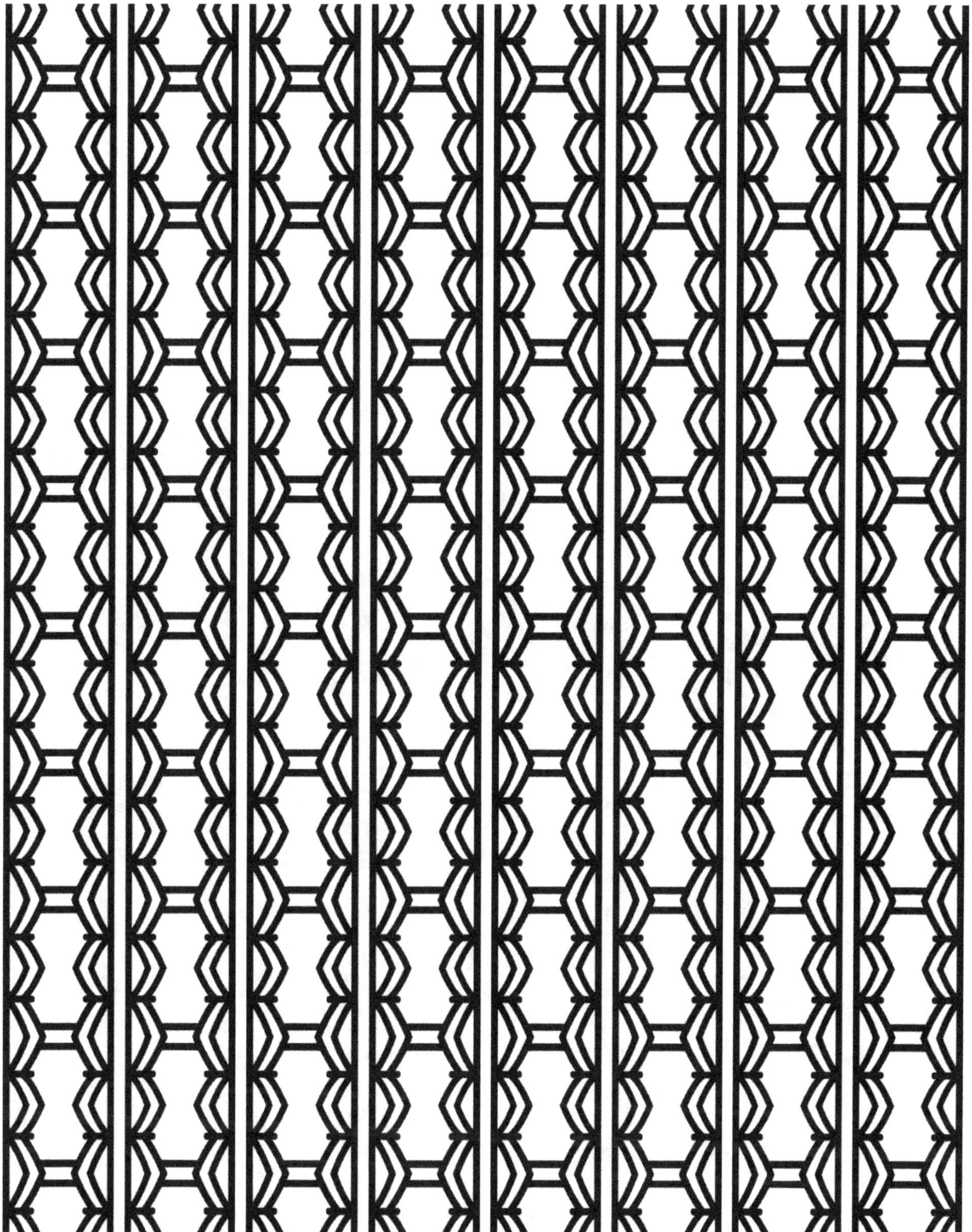

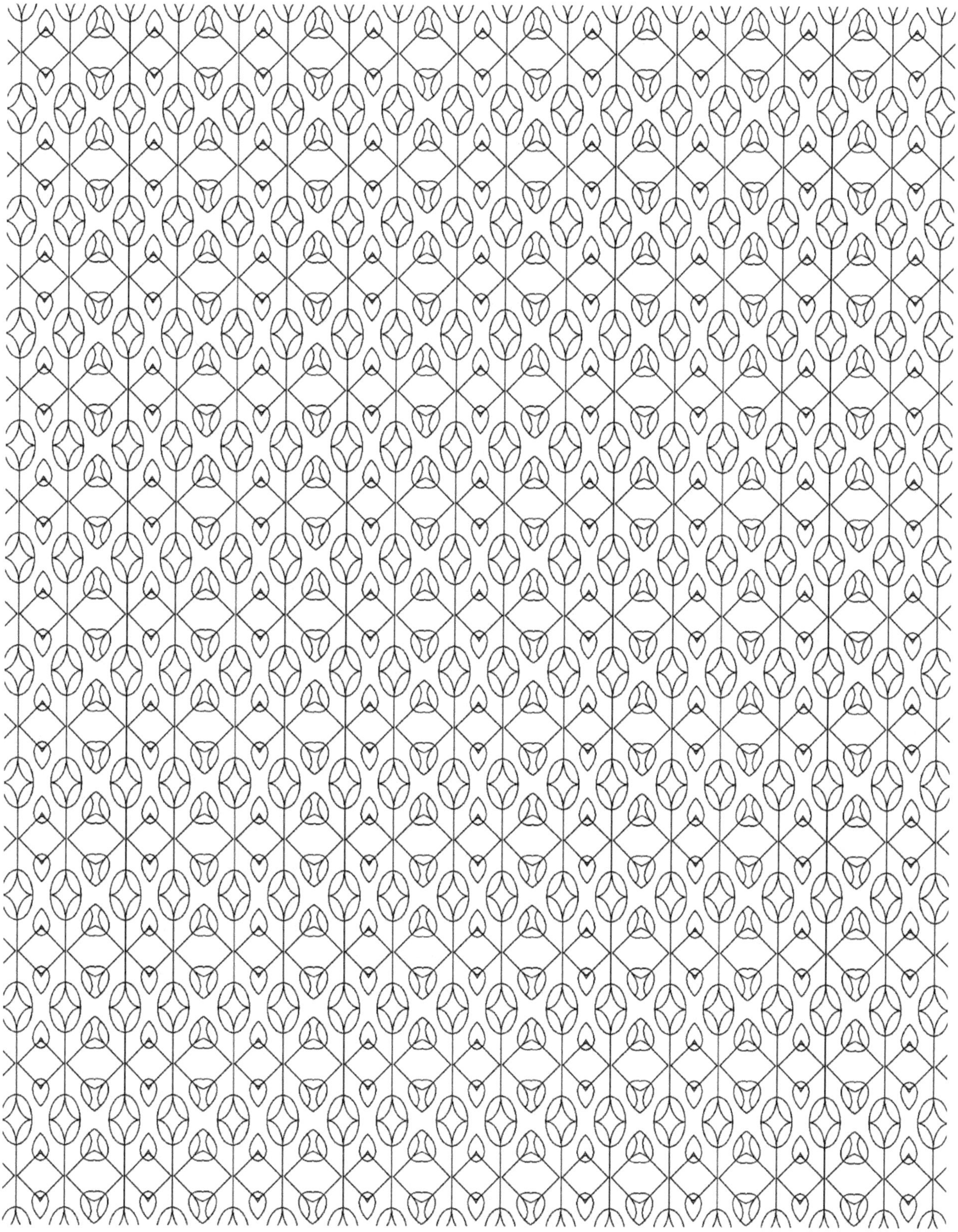

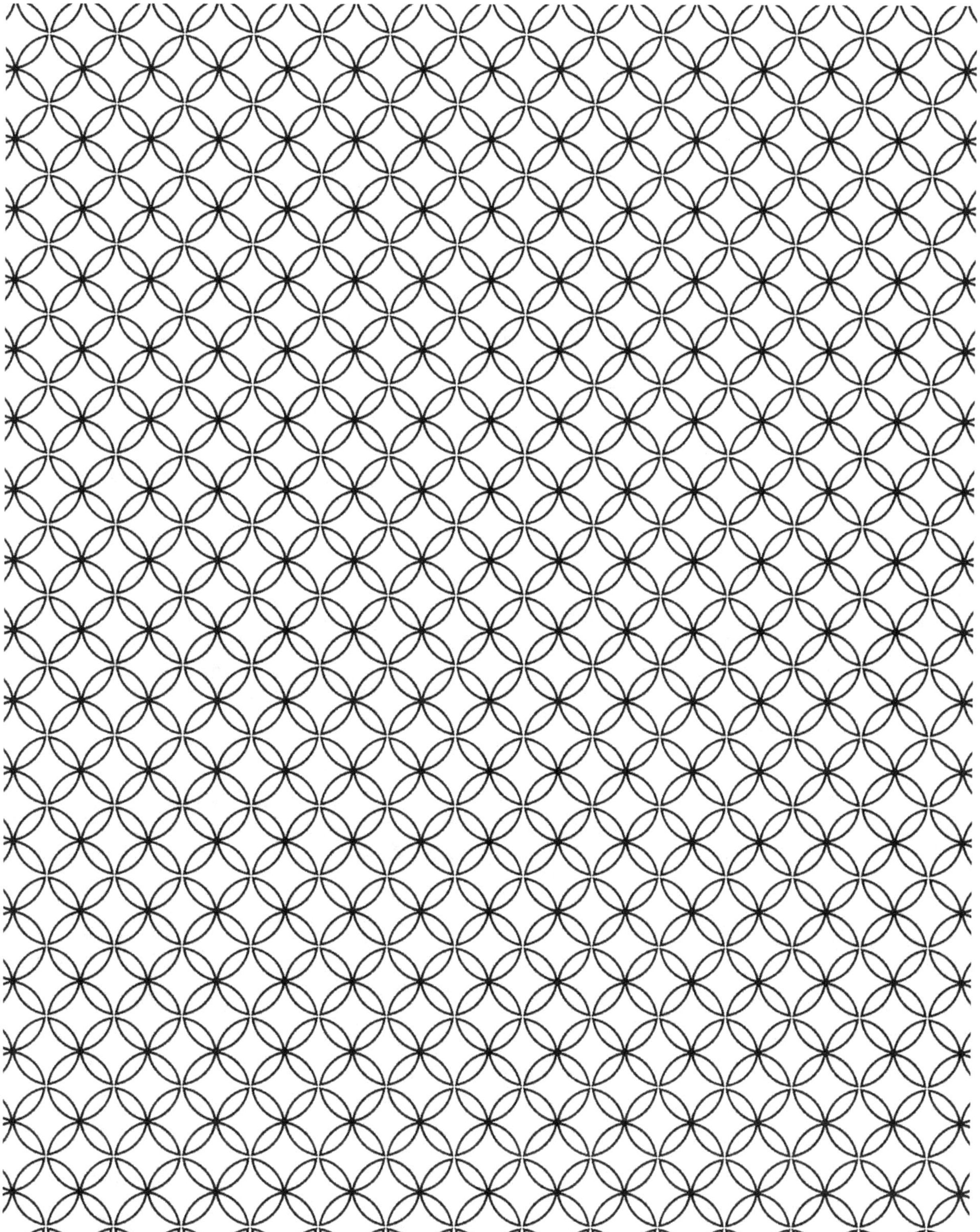

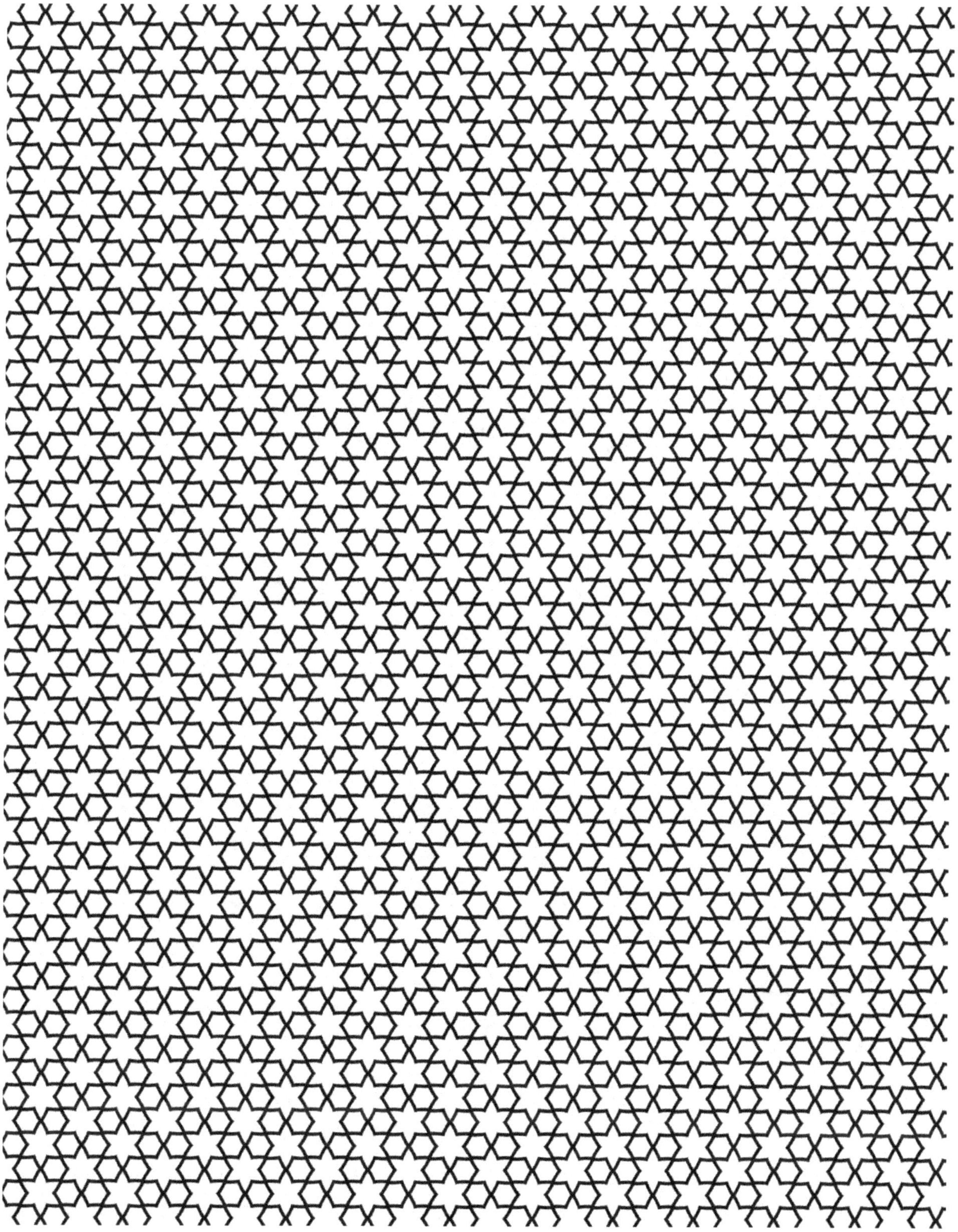

www.ingramcontent.com/pod-product-compliance
Lightning Source LLC
Chambersburg PA
CBHW081122180526
45170CB00008B/2959